2021 Calendar

JAN / 2021

S	M	T	W	T	F	S
					New Year's Day 1	2
3	4	5	6	7	8	9
10	11	12	13	14	15	16
17	18	19	20	21	22	23
24	25	26	27	28	29	30
31						

NOTES

JAN / 2021

S	M	T	W	T	F	S
					New Year's Day 1	2
3	4	5	6	7	8	9
10	11	12	13	14	15	16
17	18 Martin Luther King Jr	19	20	21	22	23
24	25	26	27	28	29	30
31						

NOTES

FEB / 2021

S	M	T	W	T	F	S
	1	2	3	4	5	6
7	8	9	10	11	12	13
14	Presidents' Day 15	16	17	18	19	20
21	22	23	24	25	26	27
28						

NOTES

MAR / 2021

S	M	T	W	T	F	S
	1	2	3	4	5	6
7	8	9	10	11	12	13
14	15	16	17	18	19	20
21	22	23	24	25	26	27
28	29	30	31			

NOTES

APR / 2021

S	M	T	W	T	F	S
				1	2	3
4	5	6	7	8	9	10
11	12	13	14	15	16	17
18	19	20	21	22	23	24
25	26	27	28	29	30	

NOTES

MAY / 2021

S	M	T	W	T	F	S
						1
2	3	4	5	6	7	8
9	10	11	12	13	14	15
16	17	18	19	20	21	22
23	24	25	26	27	28	29
30	Memorial Day 31					

NOTES

JUN / 2021

S	M	T	W	T	F	S
		1	2	3	4	5
6	7	8	9	10	11	12
13	14	15	16	17	18	19
20	21	22	23	24	25	26
27	28	29	30			

NOTES

JUL / 2021

S	M	T	W	T	F	S
				1	2	3
4 Independence Day	5	6	7	8	9	10
11	12	13	14	15	16	17
18	19	20	21	22	23	24
25	26	27	28	29	30	31

NOTES

AUG / 2021

S	M	T	W	T	F	S
1	2	3	4	5	6	7
8	9	10	11	12	13	14
15	16	17	18	19	20	21
22	23	24	25	26	27	28
29	30	31				

NOTES

SEP / 2021

S	M	T	W	T	F	S
			1	2	3	4
5	Labor Day 6	7	8	9	10	11
12	13	14	15	16	17	18
19	20	21	22	23	24	25
26	27	28	29	30		

NOTES

OCT / 2021

S	M	T	W	T	F	S
					1	2
3	4	5	6	7	8	9
10	Columbus Day 11	12	13	14	15	16
17	18	19	20	21	22	23
24	25	26	27	28	29	30
31						

NOTES

NOV / 2021

S	M	T	W	T	F	S
	1	2	3	4	5	6
7	8	9	10	Veterans Day 11	12	13
14	15	16	17	18	19	20
21	22	23	24	Thanksgiving 25	26	27
28	29	30				

NOTES

DEC / 2021

S	M	T	W	T	F	S
			1	2	3	4
5	6	7	8	9	10	11
12	13	14	15	16	17	18
19	20	21	22	23	24	Christmas Day 25
26	27	28	29	30	New Year's Day 31	

NOTES

JAN / 2022

S	M	T	W	T	F	S
						New Year's Day 1
2	3	4	5	6	7	8
9	10	11	12	13	14	15
16	17 Martin Luther King Jr	18	19	20	21	22
23	24	25	26	27	28	29
30	31					

NOTES

FEB / 2022

S	M	T	W	T	F	S
		1	2	3	4	5
6	7	8	9	10	11	12
13	14	15	16	17	18	19
20	Presidents' Day 21	22	23	24	25	26
27	28					

NOTES

MAR / 2022

S	M	T	W	T	F	S
		1	2	3	4	5
6	7	8	9	10	11	12
13	14	15	16	17	18	19
20	21	22	23	24	25	26
27	28	29	30	31		

NOTES

APR/ 2022

S	M	T	W	T	F	S
					1	2
3	4	5	6	7	8	9
10	11	12	13	14	15	16
17	18	19	20	21	22	23
24	25	26	27	28	29	30

NOTES

MAY / 2022

S	M	T	W	T	F	S
1	2	3	4	5	6	7
8	9	10	11	12	13	14
15	16	17	18	19	20	21
22	23	24	25	26	27	28
29	Memorial Day 30	31				

NOTES

JUN / 2022

S	M	T	W	T	F	S
			1	2	3	4
5	6	7	8	9	10	11
12	13	14	15	16	17	18
19	20	21	22	23	24	25
26	27	28	29	30		

NOTES